Compte-rendu

de la Fête du 3 Février 1884, donnée par la Société des Sauveteurs de France, à l'occasion de l'offre spontanée et solennelle d'une Grande Médaille d'Or au Président Général Commandeur B.^on d'Aguières et Officier, Chevalier des Ordres des Gouvernements de Tunis, St Marin d'Italie Rome, Libéria, Haïti, Russie, etc., Patricien du Royaume d'Italie.

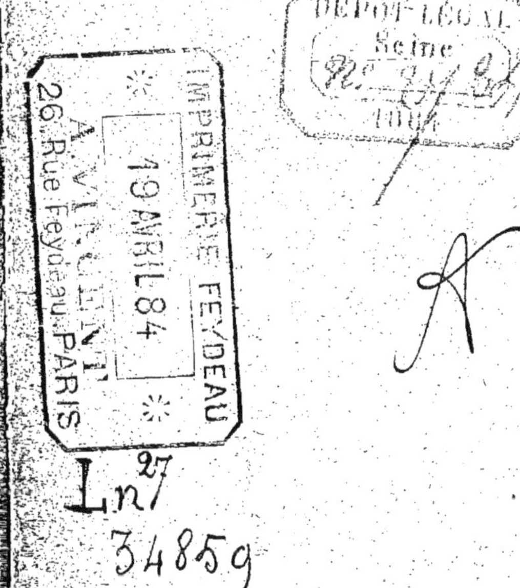

Le Dimanche 3 Février, une touchante fête de famille, composée d'une forte délégation des Sauveteurs de France, venus de divers points de Paris et de la Province, en tenue et insignes, avait lieu à Courbevoie. Cette délégation se réunissait chez Mr. Delaveau, un de ses membres les plus distingués à Neuilly-sur-Seine pour aller offrir solennellement une Médaille d'Or à ce jeune philanthrope, si connu déjà pour son grand cœur et son dévouement sans bornes à toutes les œuvres humanitaires qui a nom: "Commandeur Aimé B.-d'Agnières," fondateur du prix de ce nom, agréé, protégé par douze puissances étrangères et plus de trois cents Sociétés, Instituts, Académies, Savants, de sauvetages humanitaires et autres de France et de l'Etranger, qui lui ont décerné leurs ordres et brevets, ainsi que diplômes et insignes à titre de récompense et témoignage de leur gratitude. Sur l'initiative de MM. Pierron et Delaveau, des circulaires faisant connaître leur belle pensée, avaient été envoyées à l'effet de remettre à ce digne Bienfaiteur une medaille d'honneur.

Pour ce noble cœur qui s'efface devant tout, qui n'a jamais rien demandé; viendra un jour peut-être où son pays, la France, récompensera cet homme de bien selon ses œuvres, car il a bien mérité de la reconnaissance de ses sauveteurs en général et de l'humanité entière et universelle.

La jeunesse du Commandeur d'Agnières a été consacrée à des études profondes. Auteur d'œuvres héraldiques et historiques de longue haleine publiées en 1866-68-77). En 1870, il abandonne famille, fortune, position, pour défendre un des premiers nos frontières (Metz, Strasbourg, 1870). Rentré de captivité (sous officier de corps franc volontaire, il est nommé quelque temps après lieutenant de l'armée territoriale (1875) grade qu'il a conservé jusqu'à ce jour. Il s'est occupé depuis de rechercher les misères et, de sa bourse et de son temps a secouru et secourt bien des malheureux, mais sans ostentation ni publication. En 1877, 78, 80, 83, nous le voyons dans les incendies (la Lorraine, etc) puis arrêter des chevaux emportés (Voir journaux Peuple français, Mars 1880 — Le Sauveteur, Août, Juillet 1877-78 (Vincennes, Journal et Certificat du Commissaire Délégations Clément, — registres Commissaire Police Courbevoie, 1880 et 9 & 11 Décembre 1883. — Nommé Président promoteur de la Station de sauvetage de Nevers et Délégué Général de la Société de la Nièvre, le Conseil décide à l'unanimité que par reconnaissance d'avoir doté, avec l'appui de ses vrais amis sauveteurs de divers points de la France, il était le seul et véritable Bienfaiteur de l'œuvre Nivernaise que la baleinière inchavirable de sauvetage lancée en Octobre 1879 à Nevers, en présence des autorités et d'une foule immense, devait porter à jamais son nom qui a été inscrit et baptisé ainsi : "L'Aimé d'Aquières". Partout on l'appelle pour les fondations. On lui doit celle de la Délégation de la Société des H. S. Bretons à Troyes (Voir annales historiques du Bien) de la Société N°. 7bre - 8bre 1883) sans oublier la Société des H. S. de Normandie, qui, en reconnaissance des services de fondation que le Commandeur d'Aquières a rendus, l'a nommé Président d'honneur en première séance solennelle (Avril 1882)

Voilà brièvement les faits qui avaient poussé les braves sauveteurs à cet acte de haute justice envers notre bien-aimé Président : la souscription a été aussitôt couverte, car quelques jours après la première circulaire, une seconde leur faisait part de ce beau résultat, et ajoutait qu'elle avait largement dépassé le but ; on prit alors jour et heure pour la remise solennelle : les sauveteurs souscripteurs ne manquèrent pas au rendez-vous qui avait été fixé chez le sympathique et loyal Delaveau ; quelques-uns se firent excuser à cause de maladie ; tous s'étaient fait représenter par leurs écrits plus touchants les uns que les autres, et divers télégrammes. La délégation se composait d'une quarantaine de membres des plus distingués dont parmi eux une dizaine de dames toutes dévouées à l'humanité. A une heure 1/2, séance ouverte sous la présidence de MM. Delaveau et Pierron, qui rendent compte du montant de la souscription et dépenses. Ils annoncent qu'il restera, après tous les frais payés, une somme de 36f dont l'emploi est à décider. Mr. Mougin, nommé Secrétaire pour la circonstance, propose de dresser un compte-rendu de la cérémonie et de le faire imprimer pour les souscripteurs qui n'ont pu assister à cette fête, ainsi qu'à ceux présents, pour qu'ils en conservent le souvenir, et la proposition est acceptée à l'unanimité. L'ordre du jour épuisé, on s'organise pour se diriger vers la villa d'Aguières. Cette fête était favorisée par un temps admirable, le soleil dardait de toutes ses forces, et à cette époque de l'année, on ne pouvait s'attendre à ce grand plaisir, le ciel prenait vraiment part à la joie de ces héros en leur envoyant une si belle bénédiction. Vers 2 heures, le joli défilé arrive devant l'habitation pittoresque du Commandeur d'Aguières et, après avoir pénétré dans le jardin d'honneur, les sauveteurs se rangent en un cercle et, après quelques secondes, le Président apparaît sur le perron, tout surpris, ne comprenant rien à la présence de tous ses braves sauveteurs. Alors, Mr. Mougin s'avance et dit: "Cher et digne Président, avant d'aller plus loin, permettez-moi de vous expliquer le but de notre visite. Tous mes chers Camarades ici présents et bien d'autres encore qui regrettent et regretteront de ne pas être parmi nous aujourd'hui reçurent le 10 Janvier une circulaire à ce sujet des promoteurs de ce haut témoignage d'affection.

« 10 Janvier 1884.

« Monsieur et cher Camarade,

« Nous n'avons pas à faire l'éloge du Baron « d'Agnières, son nom est assez connu en France et à « l'Etranger ; sa jeunesse s'est passée dans les voyages « et l'étude.

« En 1870, il a été un des premiers volontaires « accourus à la défense de la patrie en danger. « (Metz 1870)

« Depuis, chaque œuvre philanthropique l'a toujours « trouvé prêt à prodiguer pour elle son temps et « sa bourse.

« Brave pendant la guerre, charitable pendant la « paix, patriote avant tout ; voilà, en deux mots, notre « Président.

« Réparons, autant qu'il est en notre pouvoir, « l'injustice de ceux qui laissent dans l'ombre de si « belles actions, et tous, Sauveteurs de France, offrons à « notre Président une médaille d'or qui atteste notre « reconnaissance et reste comme un durable souvenir de

« notre amitié réciproque.

« Une souscription est ouverte à cet effet à partir « du 10 Janvier chez notre camarade Delaveau, avenue « de Neuilly, 120 bis.

« On peut envoyer par bon de poste à cette « adresse.

« Nous comptons sur vous, cher Camarade « et nous vous prions d'agréer nos salutations « cordiales.

« A. Pierron, L. Monzin
Delaveau père et fils. »

« P.S. — La souscription couverte, vous en serez informé, « l'avis portera le jour et l'heure à laquelle nous « nous nous rendrons en tenue pour l'offrir à « notre Président. »

Quelques jours après, ils reçurent une deuxième circulaire datée du 25 Janvier, les remerciant et leur annonçant le beau résultat de cette initiative, qui avait dépassé toute prévision.

« 30 Janvier 1884.

« Mon cher Camarade,

« Nous avons l'extrême plaisir de vous annoncer

« que la souscription ouverte le 10 Janvier, a été
« couverte en quelques heures et que nos bons
« camarades de la Normandie et de la Nièvre
« ont bien voulu se joindre à nous.

« En conséquence, vous êtes prié de vous trouver
« à une heure et demie très-précises, Dimanche
« 3 Février, avenue de Neuilly, 120 bis, établissement
« Delaveau, en tenue, décorations et insignes grand
« module.

« A 1 heure 1/2, compte-rendu de la souscription.

« A 2 heures, départ pour Courbevoie.

« En attendant le plaisir de vous voir,

« Veuillez agréer, mon cher Camarade, nos sincères
« sentiments.

« Delaveau père et fils. A. Pierron. L. Mouzin. »

Voilà pourquoi, très-cher et honoré Président, nous nous sommes permis aujourd'hui, ajoute M. Mouzin, de venir vous témoigner nos sentiments de reconnaissance.

Aussitôt après ces belles paroles, Madame Breucq, grand prix Monthyon et B. d'Aguières, fait en quelques mots l'éloge du Grand Philanthrope si aimé de ceux qui le connaissent et s'exprime en ces termes :

« Je suis heureuse de saisir cette occasion qui nous a

« réunis, afin de perpétuer parmi nous l'immortel
« souvenir de ceux qui nous ont été et seront toujours
« chers, et qui ne sont plus, mais ici-bas comme là-
« haut, nous sommes par le cœur et la pensée, je
« veux parler des grands et illustres fondateurs de prix
« humanitaires : Montlyon, Baron Taylor, Gémond,
« Goëlzer.

« Après ce tribut de vénération, je dois parler de ceux
« qui vivent et qui suivent leurs traces, semant partout,
« même à l'Etranger, l'encouragement les bienfaits conso-
« lateurs ; parmi eux se trouve un nom cher, jouissant d'une
« grande notoriété ; il est le plus jeune et un des plus
« grands philanthropes de son époque, j'ai nommé le
« Commandeur B. d'Aiguières, qu'une phalange de
« sauveteurs amis glorifie aujourd'hui. Que sera-t-il
« dans vingt ans, puisque son nom est universel. Son
« histoire sera une des plus belles et des plus dignes
« pages de l'abnégation et du dévouement. Notre émotion,
« à tous, est trop grande pour mieux vous dépeindre tout
« ce que nous éprouvons en cette touchante manifestation,
« il nous faudrait l'éloquence de notre bienfaiteur Aimé
« d'Aiguières pour en consacrer le grand et impérissable
« souvenir, mais si les phrases expirent sur nos lèvres,
« nos cœurs abondent pour crier à l'unisson : « Vive à
« jamais notre Président Commandeur B. d'Aiguières ! »

Mr Delaveau s'avance alors et remet avec

Madame Brencq la riche médaille dans un bel écrin aux chiffres du Lauréat, et Mr. Pierron, le joli brevet, petit chef d'œuvre d'art dû au présentateur, composé pour la circonstance, revêtu des armes et des couleurs de la Maison d'Aguières et au bas de celles des villes de Rouen. Nevers, sur lequel sont apposées toutes les signatures des adhérents, précieux souvenir pour le Livre d'Or du Commandeur, avec le volumineux dossier de belles lettres que lui remettent MM. Delaveau. Le Commandeur Président très ému, répond dans des termes chaleureux et s'écrie : « Mes affectionnés frères Sauveteurs, l'heure n'est « pas aux discours, car l'émotion bien naturelle qu'éprouve « mon cœur et mon âme ne me le permettent point ! « Cette belle manifestation me touche profondément « et d'autant plus, qu'au siècle d'ingratitude et « d'égoïsme où nous vivons, c'est d'autant plus gran- « diose que c'est rare, et me prouve que vous possédez, « outre la virilité du cœur, l'exquise délicatesse, qui « fait de vos natures exceptionnelles des hommes « supérieurs à tous les points de vue. Merci du plus « profond de mon être, merci de votre belle distinction que « je place non seulement au dessus de toutes celles et « des plus enviées et enviables dont j'ai été honoré, mais, « en venant de **vous tous**, comme un gage précieux de « votre estime et affection sincères. - Je désire que son « souvenir reste ineffaçable, même à la dernière étape

« de ma vie, mon désir sera que hommage corampopulo
« du 3 Février 1884 reste éternellement placé sur l'autel
« du caveau de ma famille, cette suprême et douce pensée
« d'outre-tombe sera comme une rosée bienfaisante et légère
« à la terre où je reposerai à jamais, qui se dégagera en
« suave encens jusqu'au Trône de notre Grand Sauveur à
« tous! où nous aspirons la félicité parfaite dans ce monde
« que l'on dit meilleur!

Cette allocution terminée, le Président descend les quelques marches qui le séparent de la délégation et vient embrasser tous les sauveteurs comme témoignage d'affectueuse gratitude, et chaque dame lui remet un bouquet. Les saluts échangés, tous pénètrent dans la villa, où le Président dit, en offrant à chacun un londrès, que sa maison sera toujours le foyer du dévouement, que tous ses efforts tendront à mériter davantage le grand honneur qu'on lui a fait à l'improviste et qu'il n'a vraiment rien fait qui puisse lui valoir cette haute faveur; il profite de cette belle et mémorable circonstance pour décerner son grand prix à Mr. Boccheciampe, et le premier vermeil aux braves Bertaux et Pichery, et la 2e classe argent aux sauveteurs émérites Carrichon, Rives, Foucu, Moitin, Delage et Salomon; le brevet spécial ainsi que la Croix rouge du royaume de Belgique et celle royale des Indes avec diplômes si beaux et recherchés au sympathique et distingué Louis Mouzin aux bravos de tous. - Ceci terminé, la délégation se remet en marche, ayant à leur tête leur brave Président Commandeur d'Agnières, en tenue également et décorations, reprend la route de Neuilly où un lunch a été préparé dans les salons de MM. Valéry et Streun, avenue 209. Sur tout le parcours, comme aux abords de la Villa d'Agnières, les habitants de Courbevoie et de Neuilly admirent cette petite troupe, ils stationnent et font la haie même pour acclamer ces héros du dévouement, leurs regards font entrevoir la satisfaction qu'ils éprouvent à la vue de ces grands coeurs qui ont contribué à sauver la vie de leurs semblables. - Après plusieurs toasts de MM. Caron, Delaveau, Mouzin, au Président, et quelques nouvelles paroles bien senties en réponse, on propose que les fonds restant de la souscription seront destinés aux blessés militaires du Tonkin, et pour augmenter cette somme, peut-être faible, tous frais faits, d'y suppléer par une collecte, ce qui est accepté à l'unanimité. On porte un toast également aux vaillants qui défendent le drapeau national dans le Céleste-Empire, leurs frères d'armes, puis aux Sociétés des Sauveteurs de la Nièvre, de Nice et de Rouen, et de beaucoup d'autres ainsi que de l'Etranger. Mr Pierron se lève, porte un toast au Président d'Agnières aux frénétiques applaudissements de tous ! Puis on s'en séparé en disant : A bientôt !

Le Numéro du 13 Février du petit Journal : " Chronique du Bien," s'exprime ainsi :

« Le 3 Février, les membres de la Société des « Sauveteurs de France se réunissaient dans les Salons « Valéry et Streun à Neuilly-sur-Seine, en un banquet « organisé pour remettre à leur Président Commandeur « B. d'Alquières, une grande médaille d'or, à titre de « reconnaissance pour les services rendus par cet « honnête homme et vaillant sauveteur à l'humanité « et aux associations. A la suite, une collecte a été « faite pour les blessés et malades de la guerre au « Tonkin, qui a produit 40 francs, que nous avons « été chargés de transmettre à l'Union des Femmes de « France, 40 bis, faubourg Poissonnière. »

Rappelons que le 8 Juillet 1883, à Neuilly, dans les mêmes salons, un Banquet de 25 couverts offert par le Commandeur à ses mêmes et braves amis, à l'occasion de l'offre gracieuse de son portrait grandeur nature, en tenue d'officier de notre seconde armée, avec toutes ses décorations officielles, et dont il fait partie depuis 1875, dû au grand pinceau du Sauveteur peintre distingué

Pierron, qui a reçu ce jour le grand prix or au Col. d'Agnières (spécial) aux bravos de l'Assemblée fort émue, et d'autres récompenses étrangères et françaises décernées à titre de récompenses à cette solennité intime, ainsi que le soir, à la fête de nuit à Courbevoie; par le Commandeur d'Agnières, après deux allocutions brillantes bissées, à Messieurs Rouffiac, Pierron, Heumann, Delaveau, Frantz, Garrethoux, Delage, Mugnier, Legent, Lesez, Bréant, Caron. Soixante de nos amis ont pris part à cette fête toute intime, tant à Neuilly qu'à Courbevoie, terminée par une tombola offerte par MM. d'Agnières, Delaveau, Mouzin, Blanchard et Desmoulin. Cette réunion avait laissé dans les esprits un si beau souvenir qu'elle a donné naissance, comme on le voit, à celle que nous venons de relater, et l'avenir nous en réserve encore, espérons-le, de semblables.

Certifié conforme :
Mouzin,
Caron,
Delaveau,
Pierron.

Paris, 15 Février 1884.

Imp. ... 20, rue ...

www.ingramcontent.com/pod-product-compliance
Ingram Content Group UK Ltd.
Pitfield, Milton Keynes, MK11 3LW, UK
UKHW020235180726
13838UKWH00005B/2403

9 782019 948436